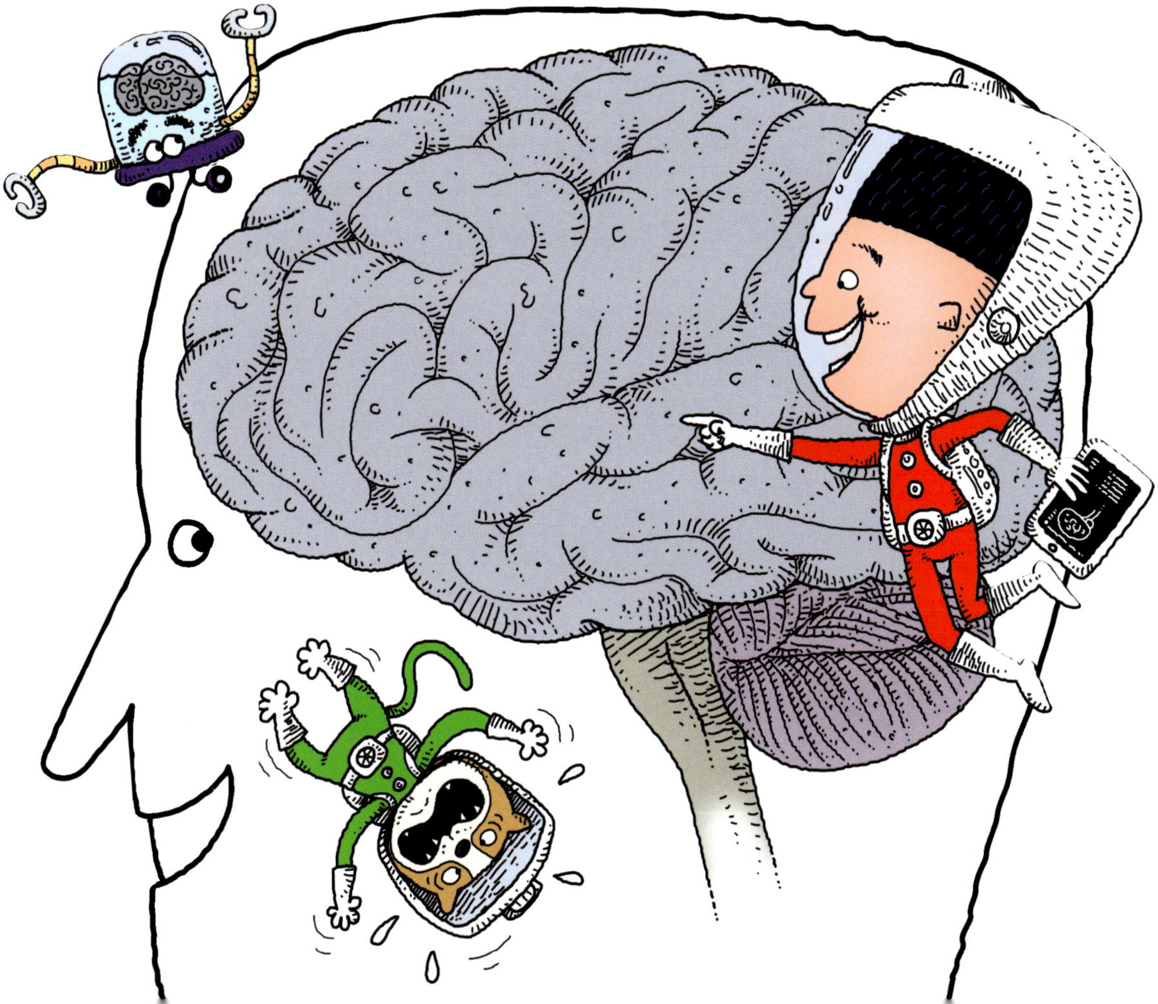

Daniel Martins de Barros

VIAGEM POR DENTRO DO CÉREBRO

Ilustrações
Fábio Sgroi

5ª impressão

PANDA BOOKS

LIVRO FINALISTA
56º JABUTI 2014
Câmara Brasileira do Livro

© Daniel Martins de Barros

Direção editorial
Marcelo Duarte
Patth Pachas
Tatiana Fulas

Gerente editorial
Vanessa Sayuri Sawada

Assistentes editoriais
Henrique Torres
Laís Cerullo

Assistente de arte
Samantha Culceag

Diagramação e capa
Fábio Sgroi

Consultoria pedagógica
Josca Ailine Baroukh

Revisão
Marina Ruivo

Impressão
Coan

CIP — BRASIL. CATALOGAÇÃO NA FONTE
SINDICATO NACIONAL DOS EDITORES DE LIVROS, RJ

Barros, Daniel
Viagem por dentro do cérebro / Daniel Barros; ilustração Fábio Sgroi. – 1. ed. – São Paulo: Panda Books, 2013, 44 pp. II

ISBN 978-85-7888-307-2

1. Cérebro – Literatura infantojuvenil. 2. Literatura infantojuvenil brasileira. I. Sgroi, Fábio. II. Título.

13-03543   CDD: 028.5
                 CDU: 087.5

2025
Todos os direitos reservados à Panda Books.
Um selo da Editora Original Ltda.
Rua Henrique Schaumann, 286, cj. 41
05413-010 – São Paulo – SP
Tel./Fax: (11) 3088-8444
edoriginal@pandabooks.com.br
www.pandabooks.com.br
Visite nosso Facebook, Instagram e Twitter.

Nenhuma parte desta publicação poderá ser reproduzida por qualquer meio ou forma sem a prévia autorização da Editora Original Ltda. A violação dos direitos autorais é crime estabelecido na Lei nº 9.610/98 e punido pelo artigo 184 do Código Penal.

PARA MINHA IRMÃ TATI, QUE ME INFLUENCIOU EM TUDO, INCLUSIVE NO GOSTO POR LIVROS E CÉREBROS.

POLICE BOX
POLICE BOX
DOCTOR WHO
PIERRE BOULLE
O PLANETA DOS MACACOS

Presente de aniversário

Arthur estava animadíssimo com a chegada de seu aniversário. Em poucos dias iria completar dez anos, e fazia bastante tempo que ele queria encher as duas mãos na hora de dizer a idade.

Já estava até treinando na frente do espelho, abrindo as mãos devagarzinho, esticando os dedos um de cada vez até mostrar todos. Dez. Dez anos.

Seus pais disseram que isso tinha até um nome especial: década. Pelo que ele entendeu, estava completando uma década de vida. Achou muito chique ter uma década todinha dele.

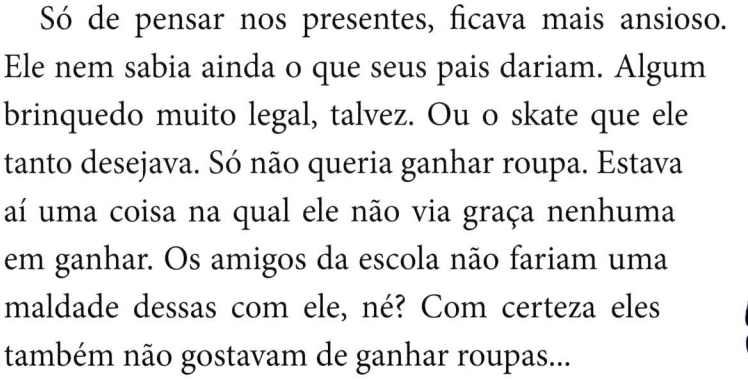

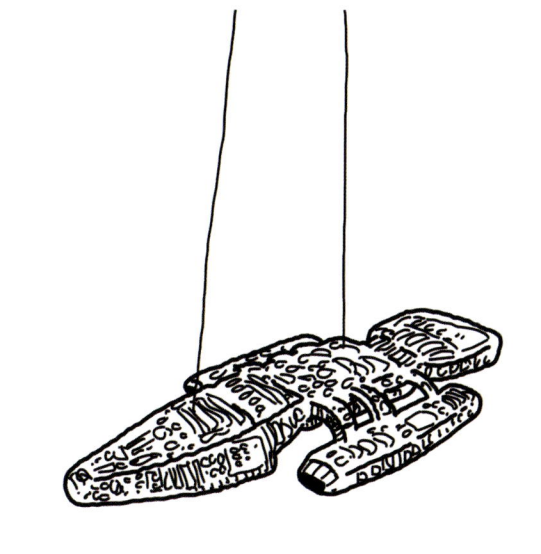

Só de pensar nos presentes, ficava mais ansioso. Ele nem sabia ainda o que seus pais dariam. Algum brinquedo muito legal, talvez. Ou o skate que ele tanto desejava. Só não queria ganhar roupa. Estava aí uma coisa na qual ele não via graça nenhuma em ganhar. Os amigos da escola não fariam uma maldade dessas com ele, né? Com certeza eles também não gostavam de ganhar roupas...

Arthur sabia muito bem qual era o presente que mais queria. Ninguém entendeu quando ele pediu aquilo, e deu um trabalhão explicar para seus pais que ele queria, de aniversário, conhecer um lugar novo.

– Que lugar, Arthur? – perguntaram eles.

– Eu quero conhecer o cérebro!

Pronto, foi um rebuliço. Como assim conhecer o cérebro? Onde já se viu alguém pedir uma coisa dessas de presente?

Só que Arthur queria porque queria conhecer o cérebro. Ele tinha visto na televisão que o cérebro era a coisa mais complicada que existia no universo, mas que os cientistas já conheciam bastante sobre ele. Por que ele não podia conhecer também?

– Mas você é uma criança, meu filho. Como vai conhecer o cérebro com nove anos de idade? – argumentou o pai.

– Em primeiro lugar eu vou fazer dez anos! E em segundo lugar, tem um monte de coisas que vocês me mandam fazer dizendo que eu não sou mais criança, não tem? Então, se eu não sou mais um bebê, posso conhecer o cérebro.

Depois de pensar um pouco, o pai de Arthur disse:

– Tudo bem.

– Como assim? – perguntaram ao mesmo tempo Arthur e sua mãe. Ele, animado; ela, assustada.

– O negócio é o seguinte, filho: vamos pedir para sua tia Tati. Lembra que ela é médica?

– Claro – disse ele, que adorava a tia.

– Pois então, ela é médica neurologista. E se tem alguém que pode ajudar com essa ideia mirabolante, essa pessoa é ela.

– Neuroquê mesmo? – Arthur engasgou.

– Neurologista. O médico que estuda o cérebro e trata das doenças dele. Se ela disser que não tem jeito, é porque não tem.

Acontece que a tia Tati adorava o sobrinho e, sabendo que ele era muito curioso, nem estranhou o pedido.

– Claro que você pode conhecer o cérebro, Arthur. Nós vamos fazer assim: semana que vem, no dia do seu aniversário, eu vou conduzi-lo por uma viagem inesquecível – disse ela ao telefone.

– Mas eu não posso ir. Tenho que ficar na festa! – respondeu ele, confuso.

– Será uma viagem dentro da sua cabeça! Tudo o que acontece à nossa volta, e mesmo dentro de nós (aquelas coisas que a gente sente, mas não vê, como a saudade ou a fome), passa pelo cérebro. Então, no dia da festa, você vai acompanhar o que está se passando dentro da sua cabeça em todos os momentos. Você vai descobrir ao vivo como seu cérebro funciona. Que tal?

– Sério? De verdade? Ai, que legal! Meus pais nem vão acreditar! Eu sabia, eu sabia! Tia Tati, você é a melhor!

E, desde aquele dia, Arthur não falava em outra coisa. Queria ganhar os presentes, queria receber os amigos para a festa, mas o que queria mais do que tudo era acompanhar a tia por essa viagem dentro da sua cabeça enquanto a festa acontecia.

A empolgação de Arthur só fez aumentar quando recebeu, na véspera do aniversário, um livrinho. Olhando bem não era um livro de verdade, mas algumas folhas de papel dobradas ao meio, parecendo uma revistinha, escrita à mão e com desenhos coloridos. Na capa Arthur leu: "Guia de viagem". Logo na primeira página estava escrito:

Querido sobrinho,

Quando nós vamos viajar para um lugar desconhecido é sempre bom ter um guia de viagem. Esses livros são escritos por pessoas que já conhecem os lugares para onde estamos indo e são muito úteis: mostram fotos das paisagens mais bonitas, explicam como funciona o ônibus ou o metrô do lugar, exibem mapas e ensinam um pouco da história da região.

Se nós lemos pelo menos um pouco do guia antes de embarcar, quando chegamos lá conseguimos aproveitar muito mais, porque saberemos por onde iremos passar, o que vale a pena olhar, fotografar e até os restaurantes mais gostosos.

Por isso, escrevi para você este pequeno guia para nossa viagem. Ele se concentra nas principais funções do cérebro. Se fôssemos estudar tudinho, tudinho, uma festa de um dia não seria suficiente – precisaríamos de uma festa que durasse 15 anos!

Neste guia você vai aprender quais são as principais partes do cérebro, com que peças ele é montado e um pouquinho sobre seu funcionamento. Assim, no dia da sua festa, enquanto tudo estiver acontecendo, você vai dar um verdadeiro mergulho no seu cérebro.

MASSA CINZENTA

– Que demais! – falou Arthur, todo entusiasmado.

Era a primeira vez que lia um guia de viagem, e esse tinha sido feito só para ele. Nesse dia ele nem quis saber de videogame, televisão nem nada. Só queria saber de ler o guia. Afinal de contas, a viagem era no dia seguinte. Sentou-se na cama e começou logo a ler.

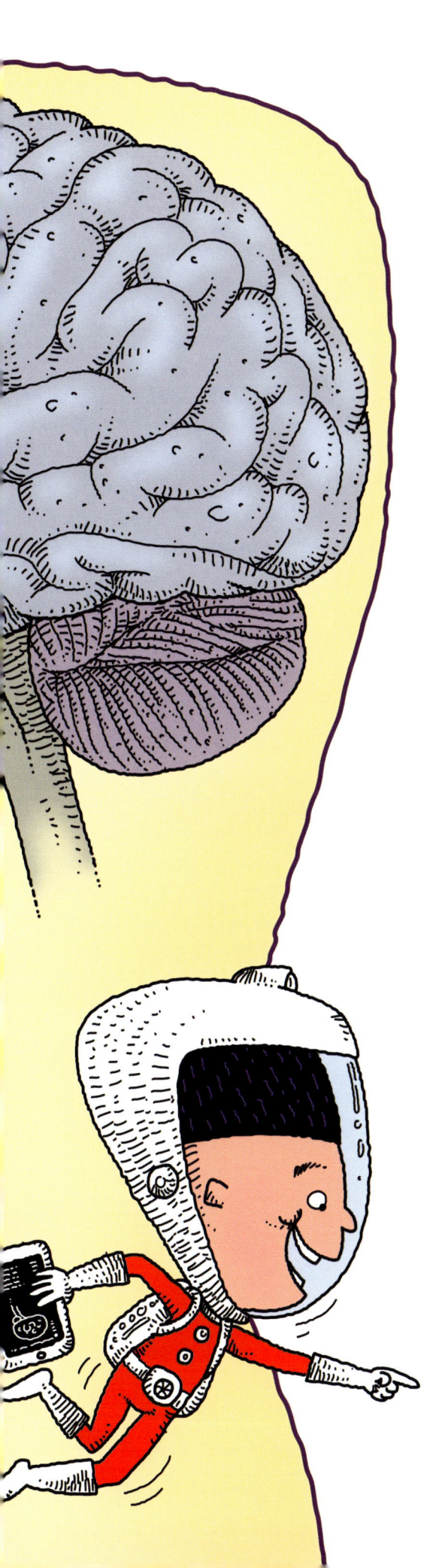

Sem limite de velocidade

Como todos os órgãos do nosso corpo, o cérebro é feito de células. Elas são os tijolos que constroem todos os órgãos: rins, coração, estômago, pulmões, ossos e até mesmo o sangue. As principais células do sistema nervoso são os **neurônios**. São eles que recebem as informações e as carregam de um lado para o outro. As informações chegam até os neurônios em uma região chamada **corpo celular** por meio dos **dendritos**, e de lá são transmitidas por uma espécie de cabo telefônico, chamado **axônio**. Os axônios se agrupam formando as fibras nervosas, e os lugares onde os corpos celulares dos neurônios estão todos juntinhos ficam com uma cor mais escura, meio acinzentada.

É por isso que um dos apelidos mais famosos do cérebro é "massa cinzenta". Porque a parte de fora do cérebro, a que vemos ao olhar para ele, é cheia desses corpos de neurônios, ficando com uma cor diferente. Essa área chama-se **córtex**.

Neurônios = células que formam o cérebro.

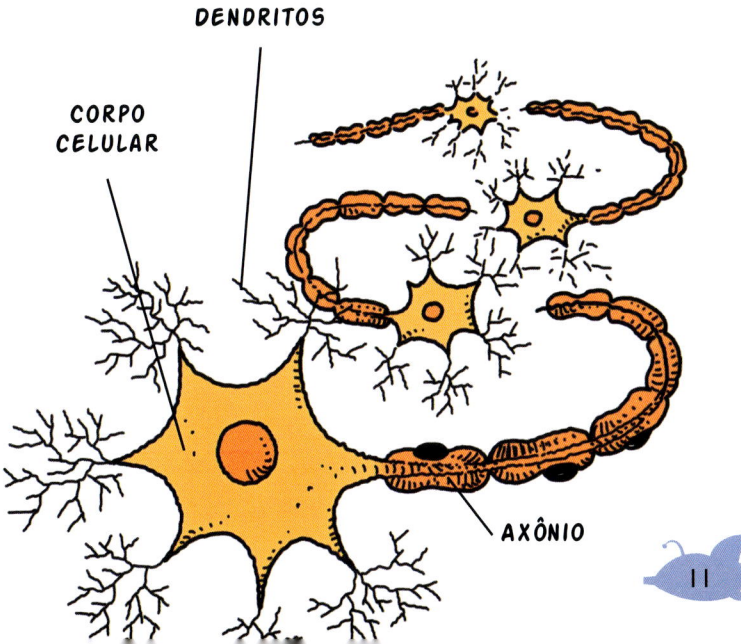

CORPO CELULAR

DENDRITOS

AXÔNIO

Arthur pensou um pouco e logo compreendeu:

– Já sei! O neurônio parece um pouco com a nossa mão: os dedos são os dendritos, a palma da mão é o corpo celular, e o braço, o axônio.

SINAPSE

NEUROTRANSMISSOR

Os **neurônios** transportam as informações pra lá e pra cá.

Um neurônio nunca encosta no outro, ficando sempre um espacinho, bem pequeno, entre eles. Esse espaço é chamado de **sinapse**. Para conversar entre si e passar a informação adiante, os neurônios lançam nessa sinapse um mensageiro químico chamado **neurotransmissor**. Ele flutua de um neurônio para o outro e dá o recado. Depois disso, volta para dentro do corpo celular, esperando a próxima fofoca.

Mas assim como os tijolos não servem para muita coisa sozinhos, precisando de cimento se quiserem ser úteis, os neurônios também precisam de ajuda, e a recebem de células muito especiais, chamadas de **células da glia**. Elas não só unem e sustentam os neurônios, como também os ajudam a se alimentar e até mesmo a se proteger.

Agora que você já conhece as peças, vamos ver como elas se encaixam, montando o cérebro.

– Puxa! – pensou Arthur. – Não sabia que tinha tanta gente importante ajudando os neurônios. São os neurotransmissores que levam as mensagens adiante, e as células da glia que os unem e protegem. Parece mesmo uma equipe campeã.

Trânsito na rodovia

O cérebro é parecido com uma noz, dessas que a gente come no Natal. Ele é cheio de acidentes geográficos, altos e baixos, que são chamados de **giros** e **sulcos**.

Assim como muitas vezes rios e morros dividem os países ou as cidades em um mapa, os giros e sulcos também são usados para mapear o cérebro.

A principal divisão separa o cérebro em duas metades chamadas **hemisférios**: o hemisfério esquerdo e o hemisfério direito, separados pelo **sulco central**.

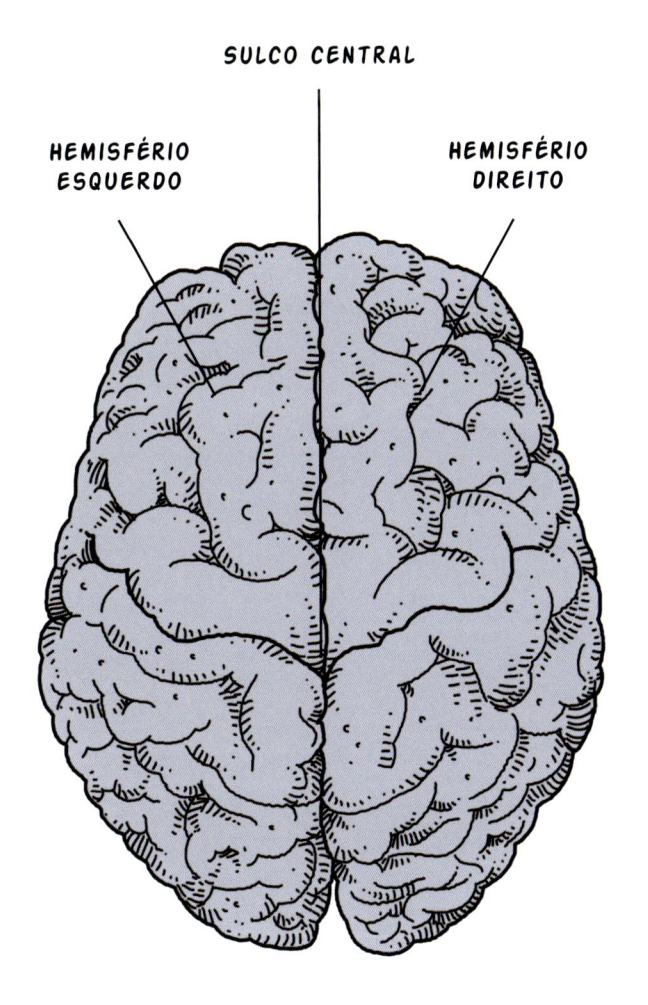

– Eu sei o que são hemisférios! – Arthur falou para si mesmo. – São as duas metades de uma bola. Assim como o planeta Terra tem o hemisfério Norte e o Sul, o cérebro tem dois lados, o esquerdo e o direito – concluiu balançando a mão direita, que de vez em quando confundia com a esquerda.

O guia ia em frente:

Mas não para por aí. Existem quatro regiões principais, que no caso do cérebro chamamos de lobos:

1) o **lobo frontal**, que fica na frente do cérebro, como o próprio nome diz;

2) o **lobo occipital**, localizado lá atrás;

3) o **lobo parietal**;

4) e o **lobo temporal**.

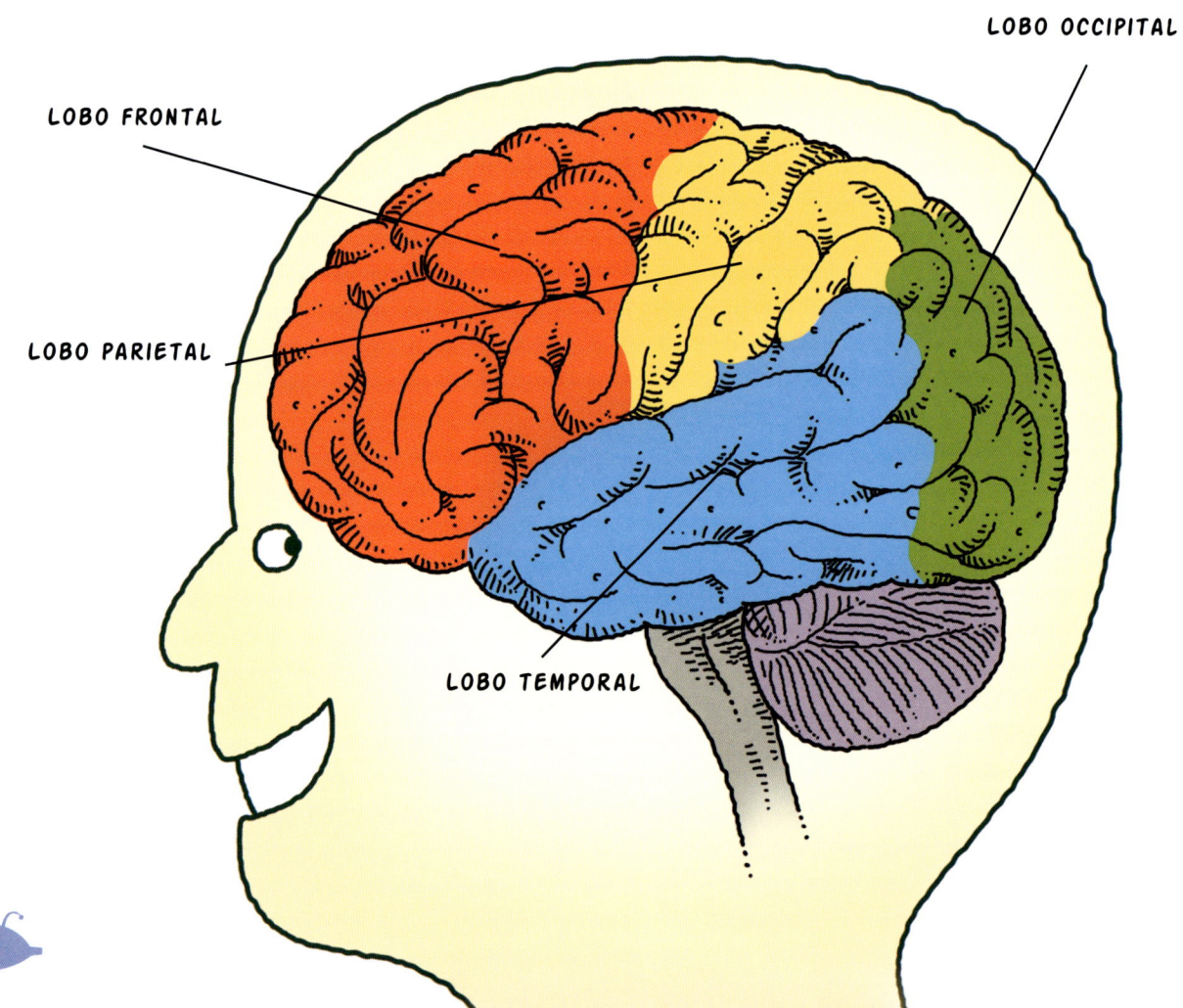

LOBO FRONTAL

LOBO TEMPORAL

CERE "BELO"

– Quanta divisão! Além de direito e esquerdo, tem lado da frente, lado de trás, em cima, no meio. A tia Tati deve ser muito esperta para saber tudo isso de cabeça.

Arthur notou que o desenho mostrava, lá atrás, quase escondido, algo que parecia um cerebrozinho meio pendurado. "Será que é o chaveirinho do cérebro?", perguntou-se.

Mas foi só continuar lendo que encontrou a explicação: tratava-se do **cerebelo**. Ele parecia mesmo com um pequeno cérebro, por isso tinha esse nome. Afinal, cerebelo quer dizer "cérebro pequeno", em latim.

O cérebro é apenas uma parte do sistema nervoso. Outra bem importante é a **medula espinhal**. Você já deve ter ouvido falar dela: as pessoas às vezes a chamam de espinha ou coluna.

A medula começa logo abaixo do cérebro, com um formato interessante: veja no nosso mapa que existe uma espécie de tronco que fica bem embaixo do cérebro. Esse é o comecinho da medula, e seu nome é **tronco cerebral**. Não lembra um pouco uma árvore?

TRONCO CEREBRAL

MEDULA ESPINHAL

CEREBELO

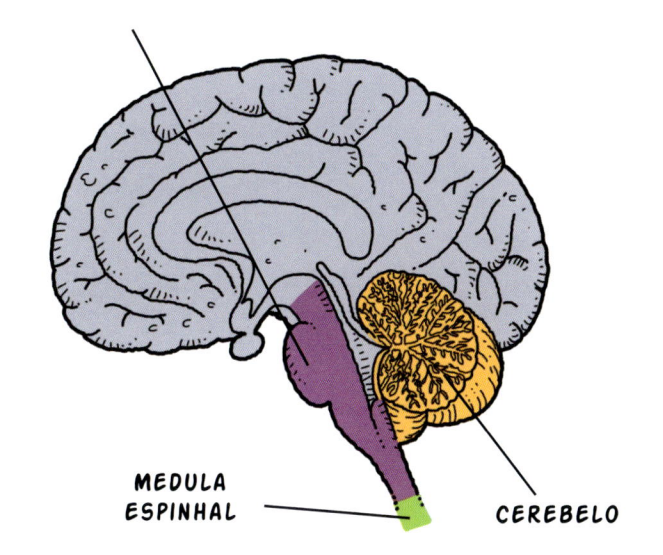

15

A medula faz, ao mesmo tempo, a ligação do cérebro com o corpo e do corpo com o cérebro... Igual a uma estrada de duas mãos.

O corpo precisa contar para o cérebro o que acontece com ele. Se você espeta o dedo num espinho, por exemplo, o cérebro tem que saber para te proteger. Mas isso não basta: ele não pode só receber as informações – se você espetou o dedo, precisa retirar a mão para não se machucar ainda mais.

E como o cérebro controla os movimentos, ele também precisa mandar informações para o corpo. Esse sobe e desce acontece o tempo todo. É para proteger essa estrada tão importante que a medula fica no meio de um conjunto de ossos chamado **espinha dorsal**. Cada ossinho se chama vértebra, e a medula fica no meio deles, bem guardada.

– Mas se a medula fica dentro da espinha, como a dor de uma espetada chega até ela? – pensou Arthur, intrigado. O guia tinha a resposta.

Se imaginarmos a medula como uma grande rodovia, os nervos são as estradinhas que chegam até ela. **Nervo** é um conjunto de fibras nervosas que leva informação de um lado para outro.

– Espera aí! – Arthur interrompeu a leitura. – Eu me lembro das fibras nervosas. Elas são formadas pela reunião de axônios, aquela parte do neurônio mais comprida – ele ficou muito feliz por se lembrar disso.

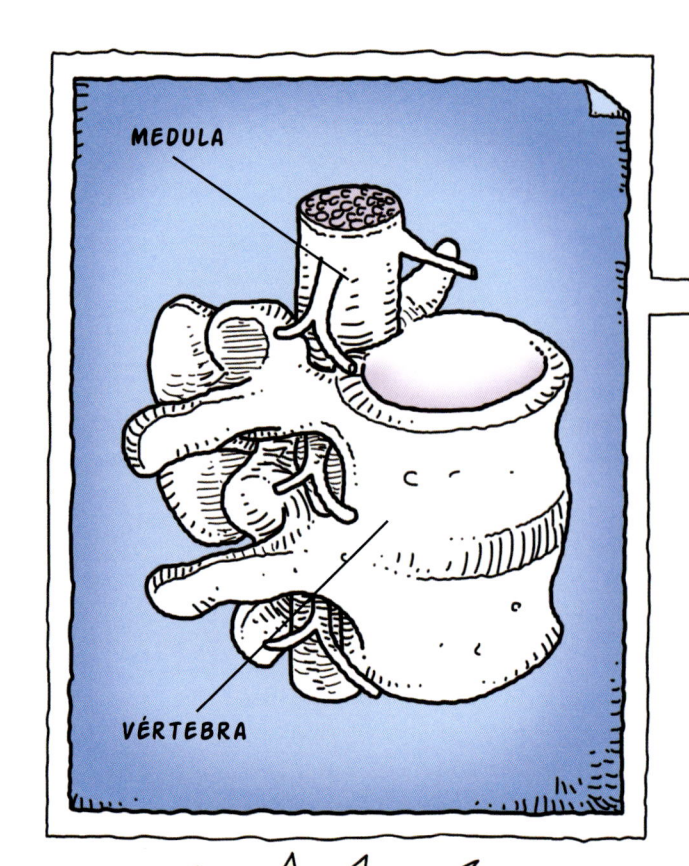

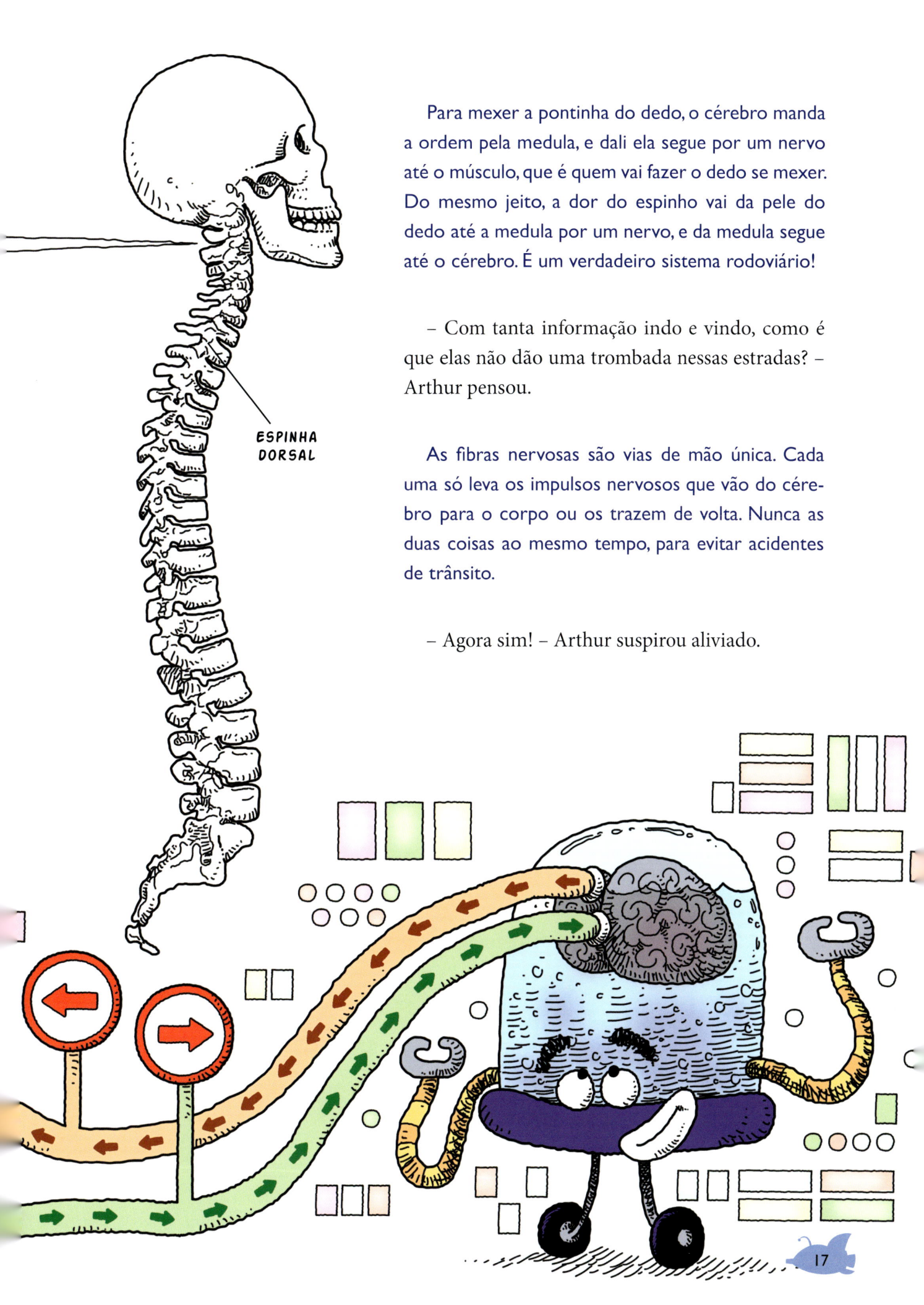

ESPINHA DORSAL

Para mexer a pontinha do dedo, o cérebro manda a ordem pela medula, e dali ela segue por um nervo até o músculo, que é quem vai fazer o dedo se mexer. Do mesmo jeito, a dor do espinho vai da pele do dedo até a medula por um nervo, e da medula segue até o cérebro. É um verdadeiro sistema rodoviário!

– Com tanta informação indo e vindo, como é que elas não dão uma trombada nessas estradas? – Arthur pensou.

As fibras nervosas são vias de mão única. Cada uma só leva os impulsos nervosos que vão do cérebro para o corpo ou os trazem de volta. Nunca as duas coisas ao mesmo tempo, para evitar acidentes de trânsito.

– Agora sim! – Arthur suspirou aliviado.

Um por todos e todos por um!

Cada região do cérebro tem uma função. O lobo occipital, por exemplo, aquele lá atrás, é a principal área responsável pela visão. O cerebelo tem o papel principal na coordenação motora. Apesar de cada área ter uma função principal, o cérebro funciona como um time.

Na sua casa, por exemplo, você, seus pais e seus irmãos formam um time, certo? Arrumar sua cama é sua função. Preparar o café da manhã, função do seu pai, e assim por diante. Mas, às vezes, quando você acorda atrasado e sai correndo para a escola, sua mãe arruma sua cama, não é mesmo? Ou nas raras vezes em que acorda adiantado, você não ajuda seu pai com o café? Pois o cérebro também é assim: cada região tem tarefas específicas, mas uma está sempre ajudando a outra.

Quando você quer se mexer, por exemplo. Como acha que isso acontece?

– Me mexendo, ué! – pensou Arthur.

Mas não era tão simples assim, mostrava o guia.

Perto do centro do cérebro, um pouquinho para a frente do sulco central, fica uma área estreita chamada **córtex motor**. É dali que saem os comandos para você mexer qualquer parte do corpo. Dos dedos do pé até a língua, se algo se mexeu, a ordem veio dali.

E o mais engraçado é que quanto mais você mexe uma parte do corpo, maior é o pedaço no cérebro separado para ela.

Os cientistas conseguiram fazer um "mapa" mostrando isso: uma miniatura de homem chamado homúnculo. Olha que engraçados nós seríamos se as partes do nosso corpo tivessem o mesmo tamanho que elas têm dentro do cérebro.

Nós precisamos de um pedacinho bem pequeno do cérebro para mover os pés, por isso os pés desse homem são tão minúsculos. Mas uma área enorme é necessária para mover as mãos, por isso são tão grandes.

Se você achou estranho, tente mexer os dedos do pé um de cada vez, ou tente usar o dedão do pé para coçar os outros dedos. Não dá! Agora tente fazer isso com a mão. É facílimo.

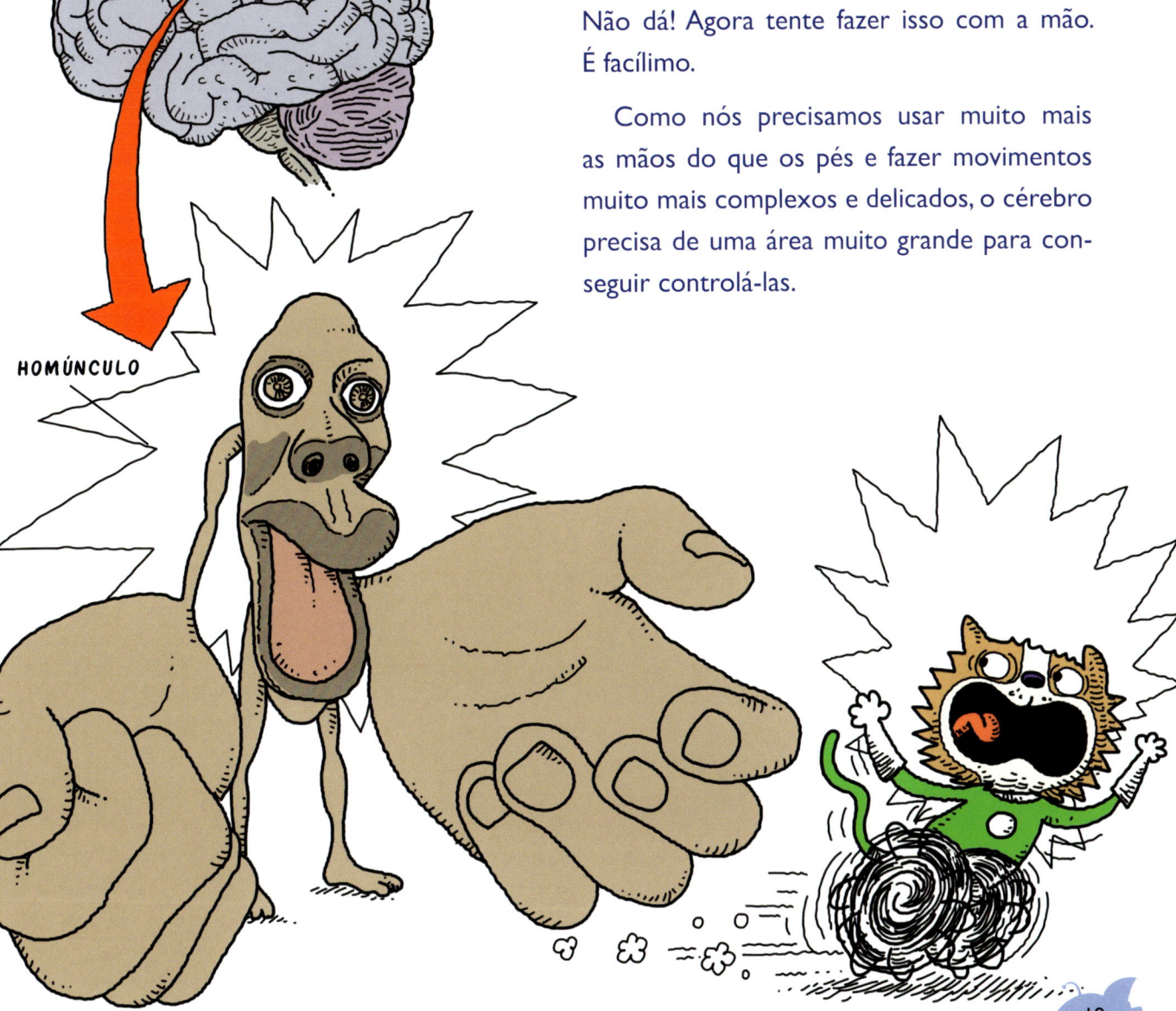

Como nós precisamos usar muito mais as mãos do que os pés e fazer movimentos muito mais complexos e delicados, o cérebro precisa de uma área muito grande para conseguir controlá-las.

HOMÚNCULO

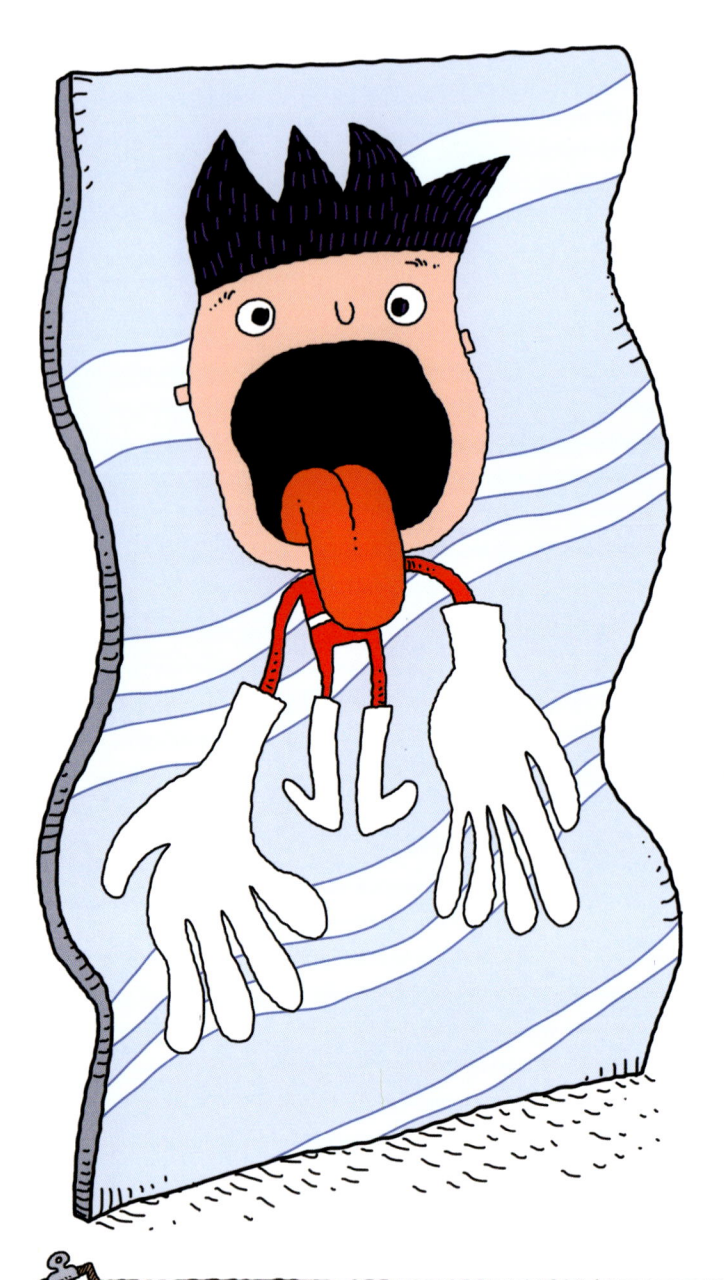

A mesma coisa acontece com a sensibilidade. O tamanho dos membros desse homem também representa o tamanho das áreas dedicadas às sensações do nosso corpo.

Da mesma forma que ocorre com os comandos motores, o tato é mais importante em determinados lugares do corpo.

Veja que as costas inteiras são bem pequenininhas no nosso homúnculo, mas a língua – onde o tato é importante – tem praticamente o mesmo tamanho do braço.

Também dá para entender, não é mesmo? Onde é preciso ter mais sensibilidade: na língua ou no braço? No dedo ou nas costas?

Faça o teste

Peça para um amigo fechar os olhos, junte dois lápis e encoste-os nas costas dele. Pergunte quantos lápis ele está sentindo. Aposto que ele irá dizer um só. Ainda com os olhos fechados, agora vire-o de frente e encoste os lápis na ponta de um dos dedos da mão dele. Dessa vez não tem como errar. O tato nos dedos é tão preciso que ele conseguiria diferenciar até mesmo dois alfinetes.

O guarda de trânsito

Vamos imaginar o que acontece quando você mexe um dedo. Antes de a ordem partir do córtex motor, você pensa no movimento, mesmo que nem perceba. Esse planejamento acontece no **córtex pré-motor**. Dali, o plano vai até o córtex motor, e só então o comando é dado.

– Nossa! Eu nem sabia que tinha esse trabalho todo na hora de jogar bola! – pensou Arthur. – Isso tudo deve acontecer sem a gente perceber mesmo.

Isso muda um pouco quando o movimento se torna automático – ao andar de bicicleta ou jogar bola, você não pensa em cada movimento que vai fazer, não é mesmo?

Se tivéssemos que raciocinar sobre o controle de cada músculo na hora de chutar para o gol, nem daria tempo de dar o chute, e alguém já roubaria a bola.

Esses movimentos automáticos, que conseguimos pela prática, são comandados por um grupo de neurônios que fica no centro do cérebro, chamado **gânglios da base**.

– Ah! Vou falar para o meu professor convocar esses gânglios da base para o próximo jogo. Os meus amigos vão descobrir o quanto eles nos ajudam a vencer.

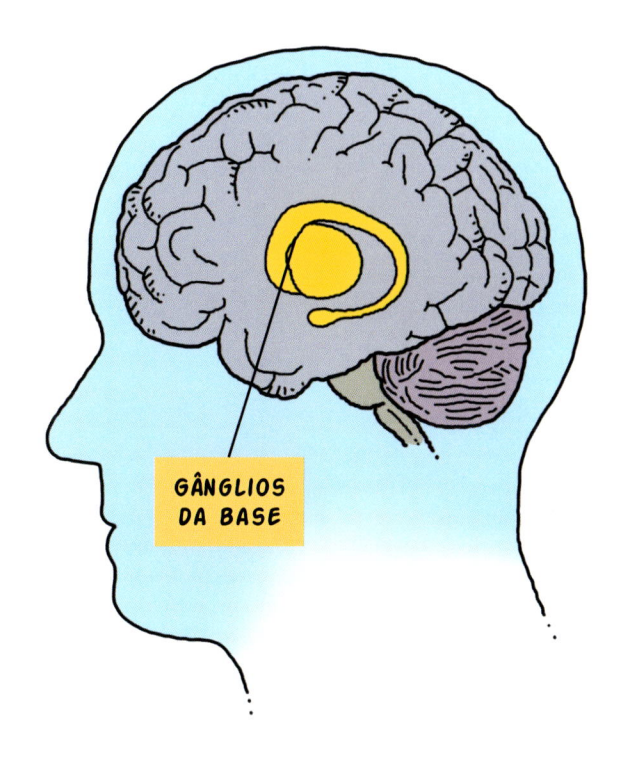

GÂNGLIOS DA BASE

A instrução caminha do cérebro até a medula, e dela, até o músculo que mexe o dedo. Mas a medula é uma estrada de mão dupla, e existem sensores nos músculos e nas articulações que nos informam que o dedo mexeu. É com a informação desses sensores que conseguimos saber exatamente em que posição está nosso corpo, mesmo de olhos fechados.

Quando nós falamos de sensibilidade, agora há pouco, citamos o tato como exemplo, lembra-se? Mas sensibilidade não é só do tato – existem sensores de vários tipos e em vários lugares, desde a superfície da pele até o fundo dos olhos ou dentro dos músculos, levando tudo o que é informação até o cérebro.

Bate e volta

Sabe aquela martelada que os médicos dão de leve no nosso joelho para testar os reflexos? Ela também depende desses sensores – a pancada faz com que os músculos sejam esticados de repente, disparando um comando de movimento que nem passa pelo cérebro: o impulso vai do sensor para a medula e, de lá, já volta para o músculo, formando um arco. Por isso, ele é chamado de **arco reflexo**.

Mas não basta saber se mexer, o trabalho dos músculos precisa ser coordenado. Sem um guarda de trânsito nessas estradas que mandam esticar e encolher os braços, abrir e fechar as mãos, haveria uma confusão só.

Esse é o papel do cerebelo, lembra-se dele? (Se não, volte à página 15.) Ele faz a coordenação motora, ajudando a dar precisão aos movimentos – quando alguém quer bater palmas, uma das mãos tem que encontrar a outra bem no meio do caminho, sem se desviar, para poder fazer o barulho direitinho. O cerebelo não dá as ordens, mas ele ajuda os músculos a executarem as tarefas de acordo com as informações do córtex motor.

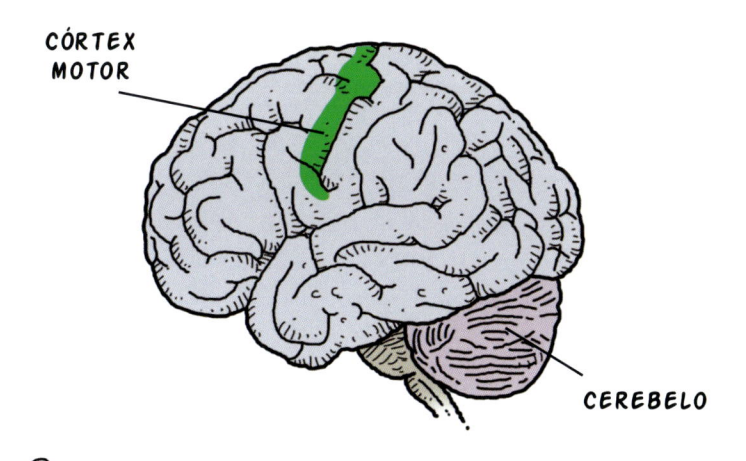

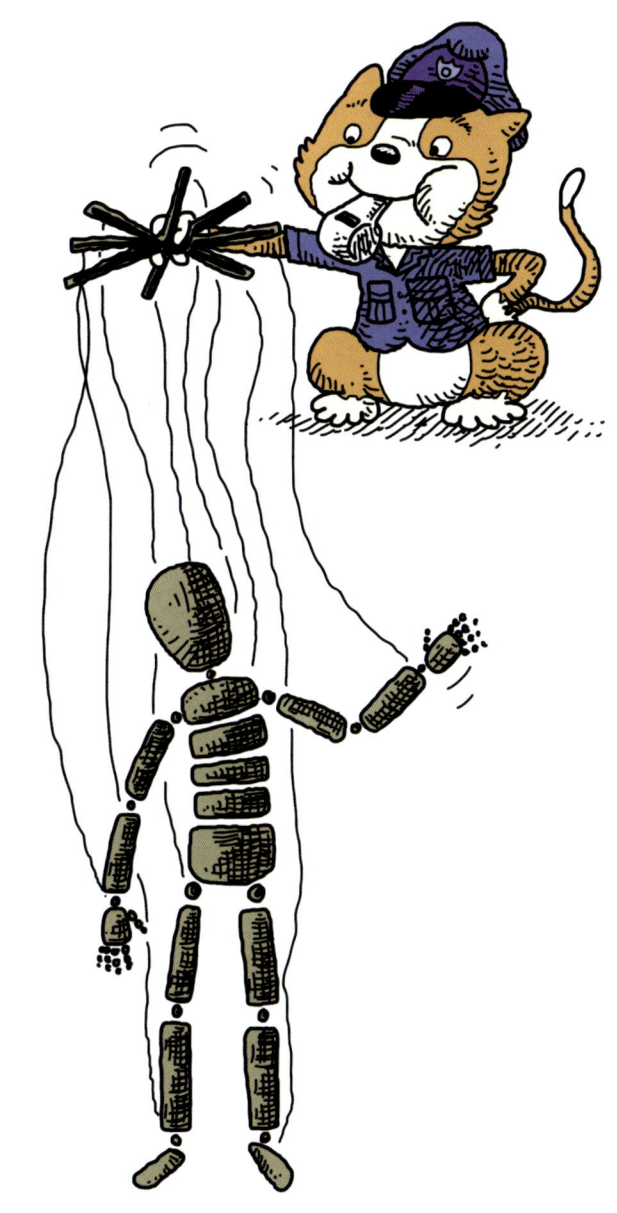

CÓRTEX MOTOR

CEREBELO

Faça o teste

Fique em pé e abra bem os braços, um para cada lado. Depois encoste a ponta do dedo direito na ponta do seu nariz. Agora inverta, encostando a ponta do dedo esquerdo na ponta do nariz. Deu certo? Muito bem! Para ficar mais difícil faça tudo de novo, mas com os olhos fechados. É graças ao cerebelo que você consegue coordenar os braços, mãos e dedos e acertar o nariz mesmo sem olhar.

Mesmo para andar, enquanto uma perna vai para a frente, a outra tem que ficar parada e só sair do chão depois que a primeira já se apoiou. Todo esse trabalho é coordenado pelo cerebelo, e quando ele não funciona direito as pessoas têm grande dificuldade para se mexer.

– Esse cerebelo funciona igual à minha mãe me ajudando na lição de casa. – Arthur compreendeu. – A professora dá um monte de tarefas, e às vezes eu me embaralho no que devo fazer primeiro. Aí minha mãe coordena os deveres, e eu faço tudo. A professora é o córtex, que dá as ordens; minha mãe é o cerebelo, que ajuda na coordenação; e eu sou os músculos, já que faço o trabalho pesado!

Informações cruzadas

Você sabia que o lado direito do corpo é controlado pelo lado esquerdo do cérebro e vice-versa? Isso mesmo: as ordens para mexer os membros do lado direito do corpo saem do hemisfério esquerdo, e o contrário acontece para mexer o lado esquerdo. Isso não acontece só para os movimentos, mas também para as sensações: uma topada no dedão esquerdo chega até o lado direito do cérebro.

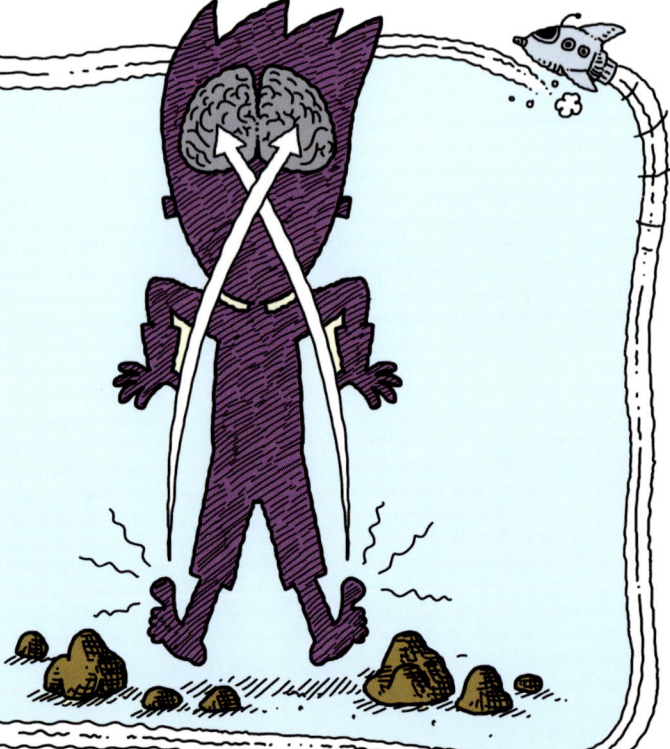

O time dos cinco

Já vimos um pouco sobre o tato, mas nós temos outros sentidos além desse, não é mesmo? Temos a **visão**, o **olfato**, a **audição** e o **paladar** – que junto com o **tato** formam os cinco sentidos. Vamos continuar nossa viagem pelo cérebro conhecendo melhor cada um deles.

– Arthur, hora do jantar! – sua mãe já chamava pela terceira vez, mas ele estava tão envolvido na leitura que demorou a responder.

– Já ouvi, não tenho problemas com a audição – disse ao chegar na cozinha. – Hum, o aroma está ótimo, mãe. O paladar deve estar ainda melhor!

– "Audição", "aroma", "paladar", está falando difícil, hein, filho? – comentou seu pai.

– É o guia... Não vejo a hora de terminar.

Arthur comeu tudo e rapidinho voltou ao seu quarto para continuar a leitura.

Mais um em campo

Apesar de normalmente falarmos em cinco sentidos, na verdade existe um sexto, chamado **propriocepção**. É só um nome complicado para aquilo que acabamos de aprender: que nós temos capacidade de sentir o corpo, sabendo sua posição mesmo sem ver.

Nossa primeira parada é o **olfato**, porque esse é um dos sentidos mais antigos que temos. E também um dos mais ligados às emoções e memórias.

Os cheiros chegam até o nariz por dois caminhos – pela narina e pela boca –, e são eles que dão um gosto único para cada comida diferente. Você já deve ter reparado que quando está resfriado, com o nariz entupido, não sente o gosto de nada. É porque o paladar depende do cheiro.

– É mesmo, quando fico com o nariz tapado a comida fica bem sem graça. – disse Arthur.

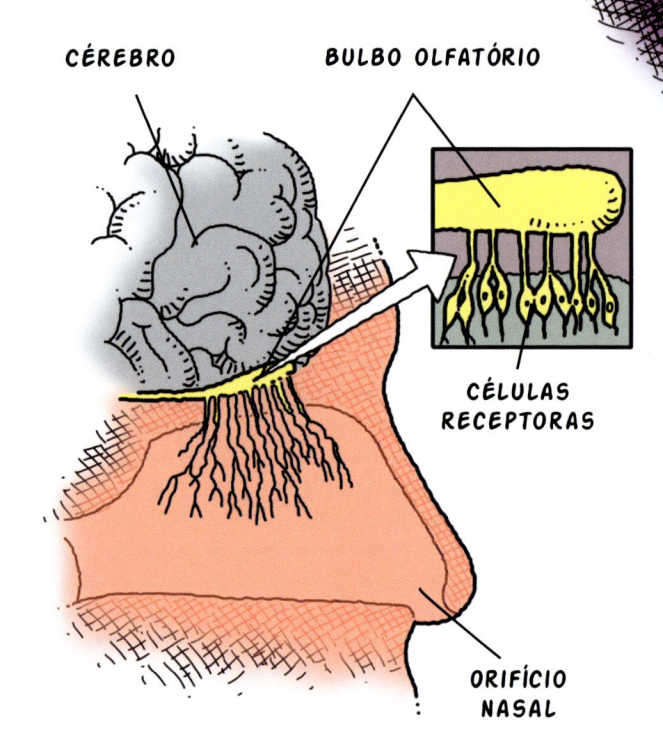

Nós temos dois nervos olfatórios: um que se liga aos receptores da narina esquerda, e outro, aos da direita. Depois que eles recebem a informação do ar (o cheiro vem pelo ar, claro), levam-na até os bulbos olfatórios, que funcionam como um centro de recebimento de cheiros.

Esses bulbos ficam dentro de uma região do cérebro muito importante para nossas reações emocionais, e também para a formação de memórias. É por isso que, de vez em quando, sentimos alguns cheiros que despertam lembranças fortes. Você irá perceber isso na sua festa de aniversário, tenho certeza.

Faça o teste

Peça para um amigo fechar os olhos e dê a ele um pedaço de pera para morder. Ao mesmo tempo em que ele leva a pera à boca, segure perto do seu nariz uma maçã cortada para que ele sinta o cheiro.

Pergunte o que ele acha que está comendo. São grandes as chances de responder que é uma maçã!

– É verdade – pensou Arthur. – Toda vez que está começando a garoar, o cheiro me lembra daquelas férias que passamos na praia, quando choveu quase todos os dias. Essa tia Tati sabe mesmo das coisas!

O sentido do **paladar**, como você já percebeu, é muito ligado ao olfato. Vimos que para sentir o gosto gostoso da comida nós dependemos do nariz, mas existe uma parte dessa história que depende só da língua.

É na língua que estão os receptores que identificam sabores básicos – assim como existem as cores básicas (amarelo, vermelho e azul, com as quais nós conseguimos fazer as outras), existem também os sabores básicos.

São os sabores que a gente consegue perceber só de encostar na língua, sem precisar sentir o cheiro. Há muito tempo já se conheciam quatro: doce, azedo, salgado e amargo. Mas recentemente os cientistas descobriram o sabor chamado umami (que significa "saboroso", em japonês, pois foram os japoneses que o descobriram). Na verdade, o sabor já era bem conhecido, mas só agora os cientistas japoneses comprovaram que existem receptores especiais para ele.

A língua é um músculo, o mais flexível do corpo e o único que nunca fica fatigado, ou seja, tão cansado a ponto de não conseguir se mexer.

– É por isso que tem tanta gente que parece que não cansa de falar? – Arthur imaginou.

Além dos receptores de sabor, a língua também tem receptores de tato e temperatura, que nos dizem se o alimento é sólido, líquido, pastoso, quente, frio etc. Os nervos da língua vão informar tudo isso ao cérebro, e quando ele junta as informações do olfato com as do paladar podemos saborear totalmente a comida.

Gosto da comida = cheiro + sabor

Faça o teste

Peça para seus pais um copo de água com sal, outro de água com açúcar, um com suco de limão e um com café sem adoçar. Agora, sem você espiar, peça para eles pingarem uma dessas misturas em diferentes lugares da sua língua: na ponta, no meio, nos lados ou no fundo.

É mais fácil sentir o gosto em algum dos lugares? Faça bochecho com água e repita com os outros sabores, descobrindo em quais regiões o gosto é mais forte.

Não vejo nada

De repente, as páginas do guia ficaram mais claras, mais fáceis de ler. Foi quando Arthur percebeu que sua mãe tinha acendido a luz.

– Ô, menino. Está tão ligado aí nessas páginas que nem percebeu que ficou escuro, é?

– Obrigado, mãe. Não tinha percebido mesmo, mas já estava difícil ler com pouca luz. Por que será?

Quando você abre os olhos no meio da noite, com as luzes do seu quarto apagadas, o que você vê? Nada? Exatamente, porque a visão depende da luz.

Os olhos são os órgãos especializados na recepção da luz: quando vemos um objeto, na verdade, estamos vendo a luz que é refletida por ele – tanto que, quando apagamos a luz, não vemos mais nada, mas basta uma luzinha pequena para voltarmos a enxergar.

Os raios luminosos dos objetos entram nos olhos através da **pupila**, que as pessoas chamam de "menina dos olhos". Logo atrás da pupila fica uma lente chamada **cristalino**. Essa lente é que ajusta o foco dos raios luminosos que entram nos olhos, fazendo com que as imagens sejam projetadas lá no fundo, na região chamada **retina**. A retina é recoberta de neurônios sensíveis à luz, e são eles que levam os sinais dos olhos até o cérebro, lá no lobo occipital.

Os olhos e as câmeras

O olho funciona mais ou menos como uma câmera fotográfica. Na câmera, a luz entra pela frente, atravessa uma lente e atinge os sensores (ou o filme, se for uma máquina antiga) que ficam lá atrás. Nos olhos, a lente é o cristalino, e os sensores são os neurônios. Click!

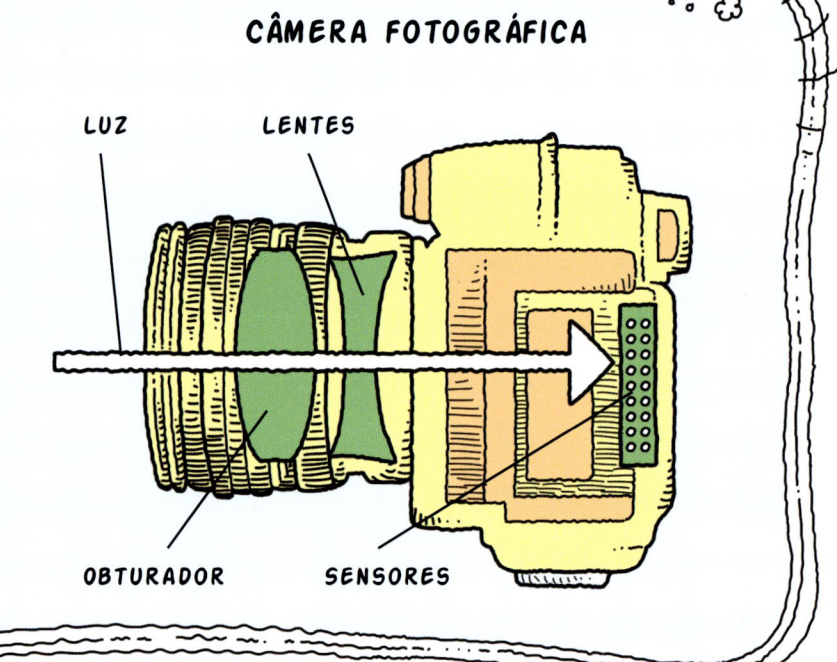

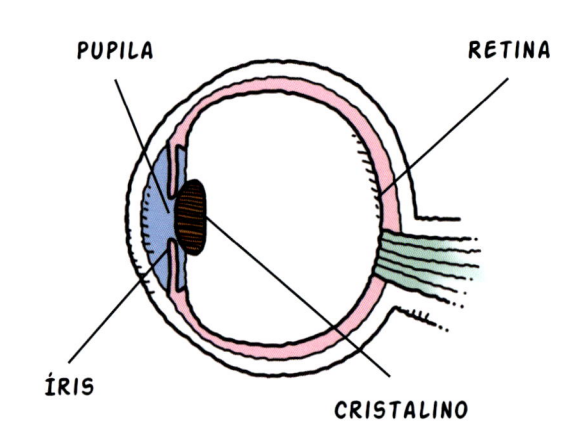

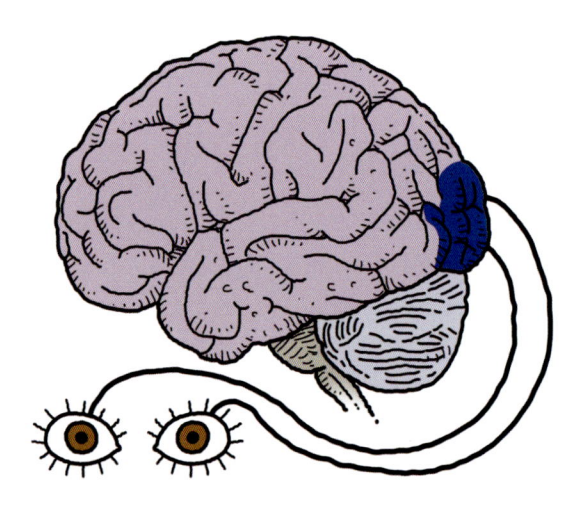

CÂMERA FOTOGRÁFICA

Do lobo occipital, a imagem segue sempre por dois caminhos principais: num deles nós raciocinamos sobre o que estamos vendo (ou seja, ficamos conscientes da imagem); no outro, o corpo se prepara para reagir ao que está vendo sem que a gente perceba – igual quando nos desviamos de uma bolada assim, no reflexo, sem pensar.

Cada olho vê a mesma imagem de uma posição um pouquinho diferente, afinal nossos olhos não estão no mesmo lugar.

Quando o cérebro junta as duas imagens numa só, temos a sensação de profundidade. É assim que funcionam os filmes em três dimensões: na tela existem duas imagens – por isso fica tudo borrado sem aqueles óculos engraçados. As lentes desses óculos fazem com que só uma das imagens da tela chegue em cada olho, e quando o cérebro as une, temos a visão em profundidade (ou 3D).

Faça o teste

Quer ver como o cérebro junta as imagens dos dois olhos numa coisa só? Pegue uma folha de papel e enrole, fazendo um canudo grosso. Mantenha os dois olhos abertos e segure esse tubo com uma das mãos diante de um dos olhos, como se fosse uma luneta. Depois coloque a outra mão ao lado da ponta do canudo, com a palma virada para o seu rosto, lá na frente do olho. Agora olhe para longe. Viu que tremendo buraco aparece no meio da palma da mão?

Isso acontece porque os olhos e o cérebro funcionam em conjunto. Quando o cérebro une as informações vindas de cada olho, uma imagem totalmente diferente pode surgir, como um furo na mão.

Arthur lembrou-se da última vez que se fantasiou de pirata:

– Com aquele tapa-olho eu fiquei a festa toda enxergando de um olho só. Então foi por causa disso que eu trombei em todo mundo: faltava visão em profundidade!

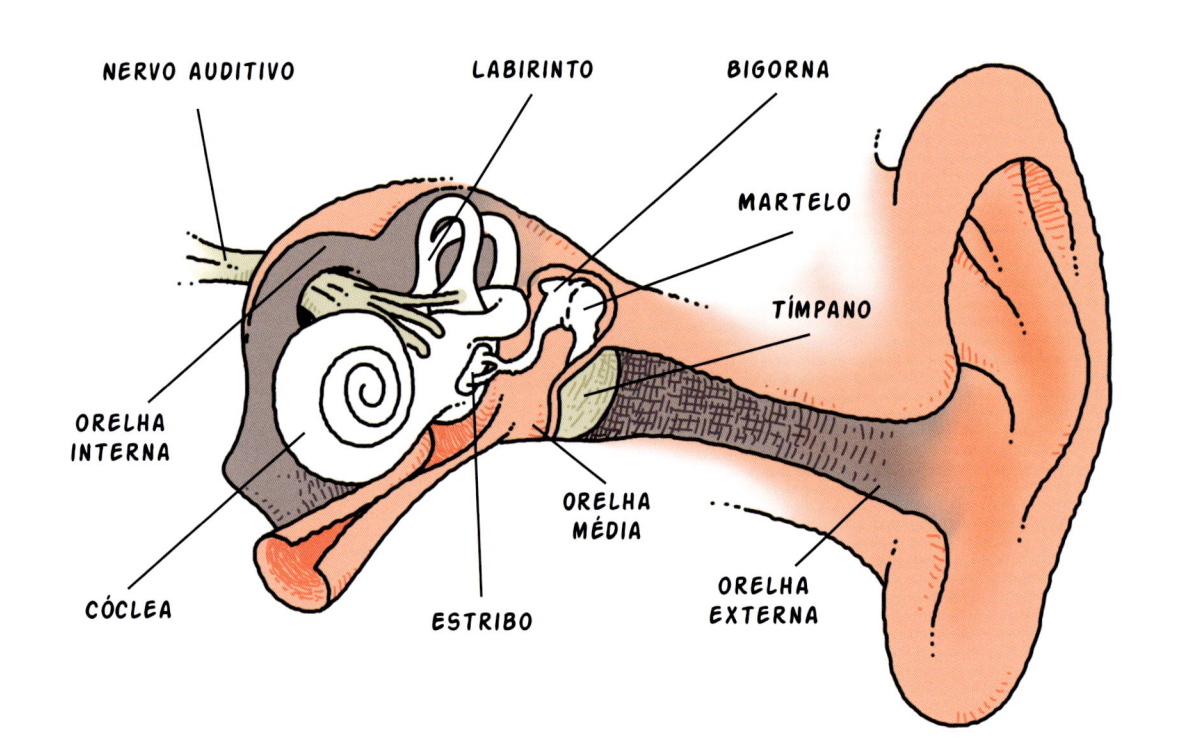

Diagrama da orelha com os seguintes rótulos: NERVO AUDITIVO, LABIRINTO, BIGORNA, MARTELO, TÍMPANO, ORELHA INTERNA, ORELHA MÉDIA, ORELHA EXTERNA, CÓCLEA, ESTRIBO.

O som do ar

Assim como a visão depende da luz, a audição depende do ar. O som se movimenta em ondas, se espalhando pelo ar igual às ondas na água. Quando essas ondas chegam até nossas orelhas, são direcionadas por elas até a **orelha média**.

Antigamente o canal da audição era chamado de ouvido, mas hoje em dia o nome mudou, e tudo se chama orelha: orelha externa, orelha média e orelha interna.

A orelha média é separada da externa pelo **tímpano**, uma membrana bem flexível, que vibra com as ondas sonoras. As vibrações são transmitidas para um lugar cheio de líquido, chamado **cóclea**. Esse nome complicado vem do grego e significa "caracol". Ela parece mesmo um caracol, e em seu interior aquelas vibrações são transformadas em impulsos nervosos, que serão levados até o **bulbo**. Ele fica no **tronco cerebral**, logo embaixo do cérebro. (Lembra-se dele? Se não, volte à página 15). Dali, os impulsos sobem para o cérebro, indo para os lobos temporais, na área da audição.

Mas antes mesmo de sabermos o que estamos ouvindo, já temos a noção de onde vem o barulho, porque o som chega primeiro numa orelha e depois na outra, dependendo de onde vem. Com essa diferença, o cérebro calcula aproximadamente a direção e até mesmo a distância do som.

– Arthur, hora de tomar banho! – ele ouviu de novo sua mãe gritar.

– Aposto que ela está na cozinha – pensou Arthur. – Sei disso porque, mesmo sem eu perceber, meu cérebro notou que o som chegou primeiro na minha orelha esquerda, depois na direita.

Como a cozinha fica à esquerda, ele conclui que o som veio de lá. Tomou banho rapidinho e, já de pijama, voltou para tentar acabar de ler o guia.

Os menores ossos do corpo

Você sabe quais são os menores ossos do seu corpo? Pense bem. Seria a ponta do dedinho? Seria o dedinho do pé? Nada disso. Os menores ossos do corpo humano ficam dentro da orelha média e são chamados de martelo, bigorna e estribo. São eles que fazem a vibração do ar mexer o líquido dentro da cóclea. E realmente se parecem com os objetos que dão seus nomes, não acha?

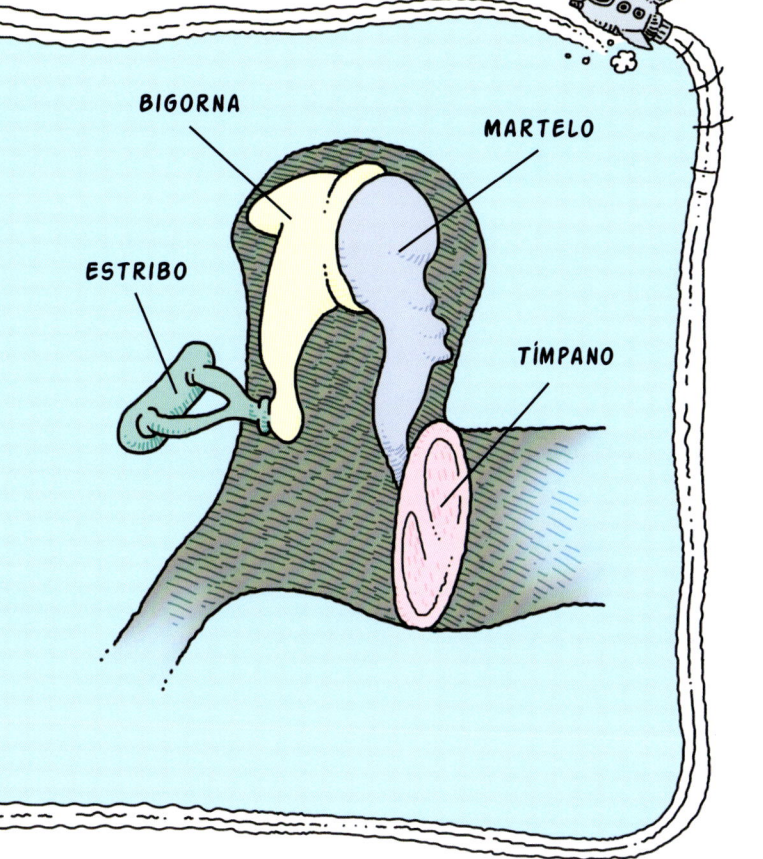

Blá-blá-blá

Quando alguém fala com a gente, o cérebro primeiro identifica o som – se é alto ou baixo, agudo ou grave, e assim por diante. Depois é que começa a separar palavras, identificar melodias etc. Só então é que vamos ter consciência do que estamos ouvindo.

No cérebro existe uma área muito importante para a linguagem, sem a qual não conseguiríamos entender o que estão falado para nós: chama-se **área de Wernicke**, em homenagem ao médico que a identificou.

– Olha, eu conheço um monte de gente que parece que não entende o que eu falo. Será que eles têm problema nessa tal área de Wernicke? – Arthur imaginou.

O doutor Carl Wernicke era neurologista e, há muitos anos na Alemanha, percebeu que alguns pacientes não entendiam o que as pessoas falavam, e eles mesmos não falavam lá muito bem. Descobriu, então, que essa área do cérebro reúne informações visuais, auditivas e táteis, fazendo a associação de todas as dicas possíveis para poder entender o significado das coisas.

Faça o teste

Na internet, em jornais ou revistas antigas, encontre uma foto de algum alimento fritando. Peça ajuda para seus pais e procure também uma gravação com o som de chuva. Agora, enquanto mostra a imagem da fritura para um amigo, coloque a gravação e pergunte a ele que som está ouvindo. Ele dirá que é o som da frigideira! Isso mostra como o cérebro usa diversas informações para chegar a uma conclusão. Como a informação visual era diferente da sonora, o cérebro do seu amigo pregou uma peça nele.

Para nos comunicarmos, temos que criar vários símbolos, sejam letras, cores, gestos ou sons. E para isso precisamos associar várias informações diferentes.

Antes de conseguirmos falar qualquer coisa, é nessa área de Wernicke que elaboramos o que iremos dizer. Esse pensamento é transmitido para outra região, chamada de **Broca** (se diz "Brocá") – também em homenagem a um médico, o francês Pierre Paul Broca –, responsável por coordenar os músculos da fala, como a língua e as cordas vocais.

A área de Broca fica mais próxima das regiões que controlam o movimento, por isso uma lesão ali não impede a pessoa de entender o que está sendo dito, mas a impede de falar.

PIERRE PAUL BROCA

ÁREA DE BROCA

CÓRTEX MOTOR

ÁREA DE WERNICKE

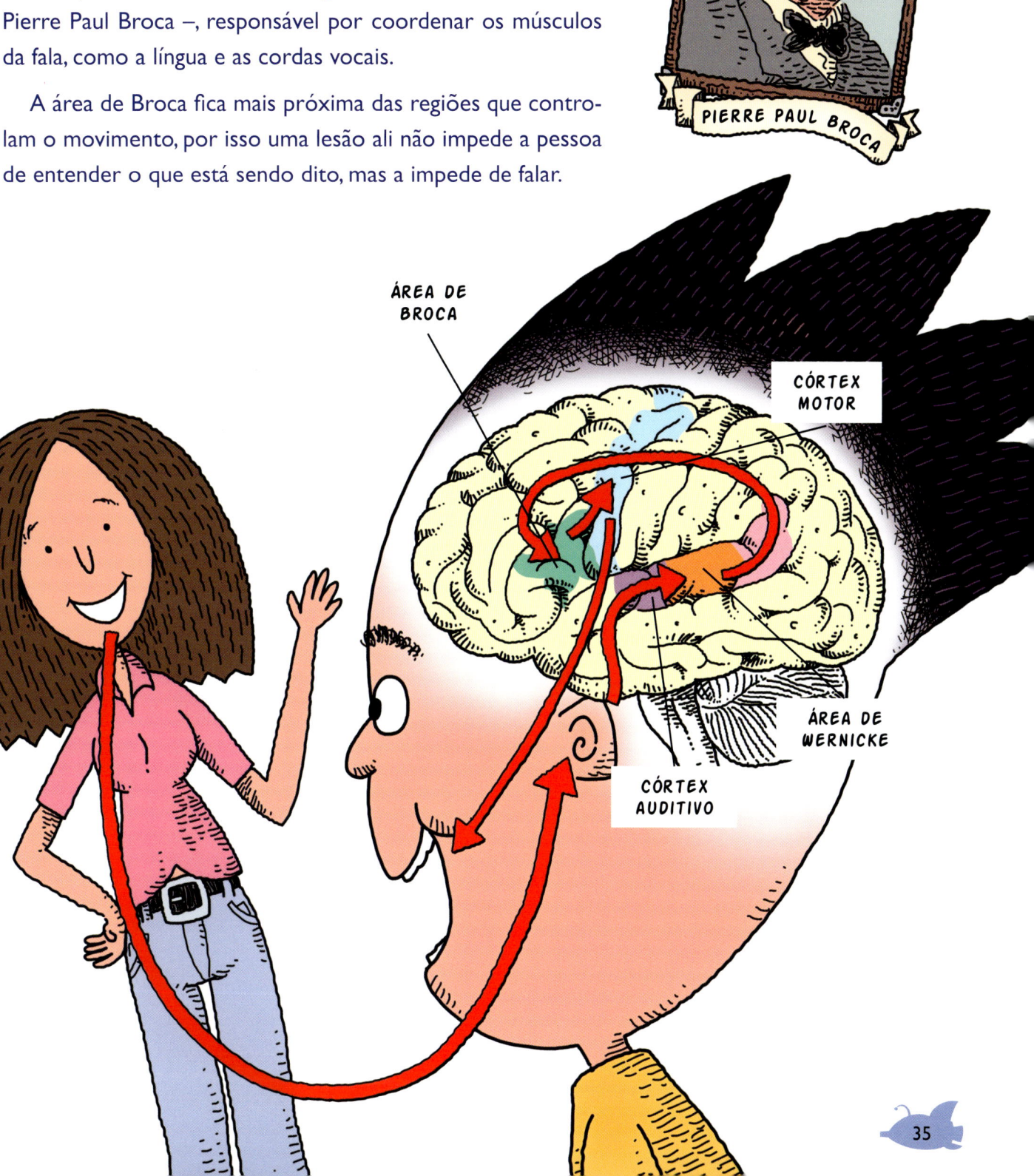

CÓRTEX AUDITIVO

– Esses neurologistas foram muito importantes, então. – disse Arthur. – Será que a tia Tati conheceu algum deles? Acho que não, ela não é assim tão velha...

Quando Arthur percebeu, estava na última página:

– Não acredito! Já estou no final do guia e nem vi o tempo passar.

Eu sei que falamos de muitos assuntos neste pequeno guia, Arthur. Mas é claro que você não precisa decorar tudo! Agora que já sabe algumas coisas, vai ver que é possível fazer não uma, mas várias viagens pelo cérebro.

Conforme a festa for acontecendo, você vai identificar o que está se passando na sua cabeça. Será uma grande aventura!

Um beijo.

Tia Tati.

E assim acabava o guia de viagem.

O dia do embarque

Arthur estava quase explodindo, tamanha era a sua agitação. Ele tinha passado as últimas horas lendo o livrinho que a tia mandara, e no dia seguinte já seria sua festa. Será que ele iria mesmo viajar pelo cérebro? Foi difícil pegar no sono.

Logo pela manhã, os preparativos começaram. Era bexiga para encher, brigadeiro para enrolar, cadeira para enfileirar, e de repente era hora de tomar banho porque os primeiros convidados já estavam para chegar.

Conforme as pessoas foram aparecendo, a festa foi ficando animada. Arthur estava muito feliz com a presença dos amigos. Mas quando chegou a tia Tati, ele largou tudo e pulou no colo dela de tanta alegria.

– Tia, obrigado! Foi o melhor presente que eu ganhei! – disse ele.

– Que bom que você gostou, Arthur. E aí, já começou a viagem? – perguntou ela.

– Puxa, ainda não, tia. Nem tinha lembrado – ele pareceu decepcionado.

– Não precisa ficar triste. Com as informações do guia, você faz a viagem na hora que quiser!

– Mas como, tia Tati?

– Vamos fazer assim: aproveite a festa, brinque com todo mundo, coma e beba sem se preocupar com nada. Aí, na hora de cantar o parabéns você tenta se lembrar de algumas coisas que leu no guia. Você vai ver que entenderá tudo o que está acontecendo dentro do seu cérebro. Combinado?

– Combinado!

A festa ainda durou bastante, e todas as crianças correram, pularam, cantaram, dançaram e se divertiram pra valer.

Conforme combinado, na hora do parabéns Arthur começou a pensar no que tinha lido no guia de viagem.

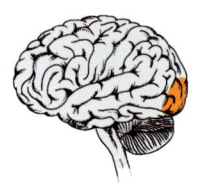

Assim que apagaram a luz, quando tudo ficou escuro, ele lembrou que a visão depende da luz, por isso não conseguia enxergar no escuro. Mas logo a vela foi acesa, e todos voltaram a enxergar um pouquinho – e ele sabia que a imagem daquele bolo estava entrando pelos olhos, caminhando pelos nervos ópticos até o córtex occipital, lá atrás da cabeça.

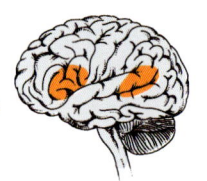

Alguém puxou o parabéns. Enquanto cantavam a música, ele e a tia Tati sabiam que as áreas da linguagem, tanto de Wernicke como de Broca, estavam ativas, planejando e executando a canção.

E se eles podiam ouvir e entender o que estavam cantando, era porque o som, atravessando o ar, vibrava o tímpano e acionava os receptores dentro da cóclea, que transmitia os sinais para o córtex auditivo.

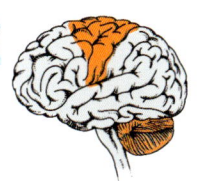

Claro que ninguém canta parabéns sem bater palmas. E assim que pensou nisso, Arthur lembrou que o córtex pré-motor planeja os movimentos, e o córtex motor os executa, mandando as ordens pela medula até os braços e as mãos, que só conseguem se encontrar no meio do caminho porque o cerebelo faz a coordenação motora.

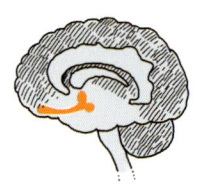

Acabando o parabéns, Arthur cortou o bolo, e a criançada toda começou a atacar os docinhos em cima da mesa. O cheiro de chocolate dominava o ambiente, e o fazia lembrar, com a mesma alegria, de sua última festa de aniversário. Na mesma hora ele percebeu como os cheiros, que entram pelos receptores do fundo do nariz e chegam aos bulbos olfatórios, próximos às regiões do cérebro que controlam as reações emocionais e a memória, realmente despertam lembranças afetivas.

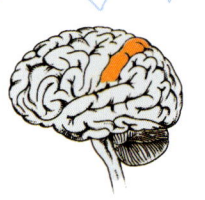

E, claro, dão sabor especial à comida, como aquele pedaço de bolo que ele mesmo estava comendo – os receptores da língua identificavam que era frio, mole e doce, e os receptores do nariz percebiam o cheirinho de chocolate. Reunindo todas essas informações, o cérebro degustava o maravilhoso bolo.

De repente, Arthur se deu conta de que, nos poucos minutos entre cantar "Parabéns a você" e comer o pedaço de bolo, tinha feito uma viagem completa pelo cérebro. A tia Tati tinha razão! Foi muito fácil, e ele viu que poderia fazer isso sempre que quisesse.

Depois do parabéns, as pessoas começaram a ir embora. No fim da festa, tia Tati foi falar com o sobrinho:

– E aí, Arthur, deu certo o truque?

– Tia, foi o máximo! Foi só eu pensar um pouquinho no que estava escrito no guia que comecei a lembrar de tudo na hora do parabéns. Foi realmente a maior viagem!

Arthur deu um abraço apertado na tia Tati e um beijo estalado na bochecha. Virando-se para os pais, ainda abraçando a tia, Arthur falou:

– Não disse que eu ia conhecer o cérebro?

– É, filho, agradeça à tia Tati – respondeu seu pai.

– Espero que você não invente outra viagem maluca no ano que vem – disse sua mãe, rindo.

– Ano que vem, nada – Arthur respondeu na hora. – Nas próximas férias eu já vou querer aprender outra coisa...

– Que coisa, Arthur? – quis saber a tia Tati.

– Quero descobrir por que tem dias em que a gente chora e em outros, ri; lembra de umas coisas e esquece de um monte; consegue prestar atenção em uma aula e na seguinte fica viajando; gosta de umas pessoas e tem raiva de outras...

– Ai, Arthur... – interrompeu sua mãe. – Agora acho que você está pedindo demais.

– Estou nada, quer ver? – virando-se para a tia Tati: – Dá para fazer essa viagem também, tia?

– Dá sim, Arthur. Já vi que depois de chegar até o cérebro, você está querendo avançar para a próxima estação: a mente. Vamos nessa!

HEMISFÉRIO ESQUERDO

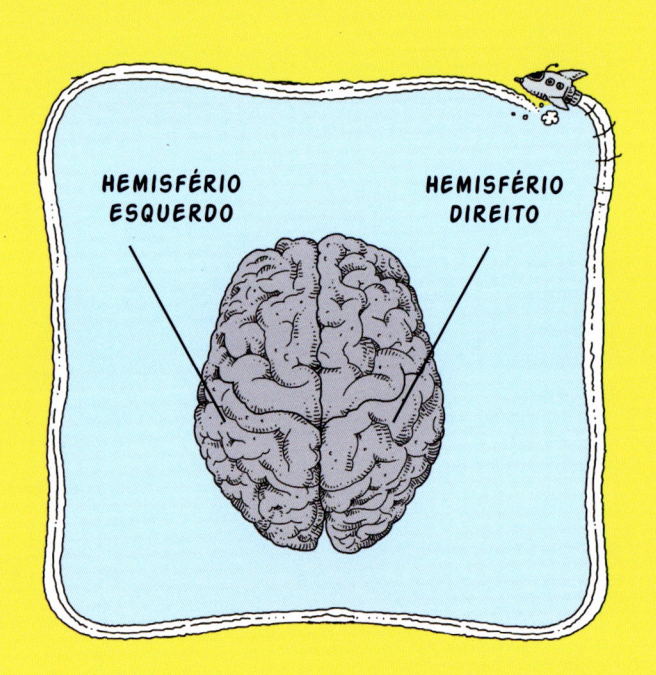

HEMISFÉRIO DIREITO

O **LOBO FRONTAL** é responsável por várias coisas, entre elas os movimentos e o pensamento. É aqui que fica o **CÓRTEX MOTOR**, de onde saem os comandos para movimentos de qualquer parte do corpo.

A **ÁREA DE BROCA** coordena os músculos da fala, como a língua e as cordas vocais.

O **LOBO TEMPORAL** é responsável pela audição e pela memória. Nossas lembranças ficam guardadas bem aqui.

A **MEDULA ESPINHAL** faz a ligação do cérebro com o corpo. É a estrada por onde passam todos os comandos. O comecinho dela chama-se **TRONCO CEREBRAL** (não parece o tronco de uma árvore?).

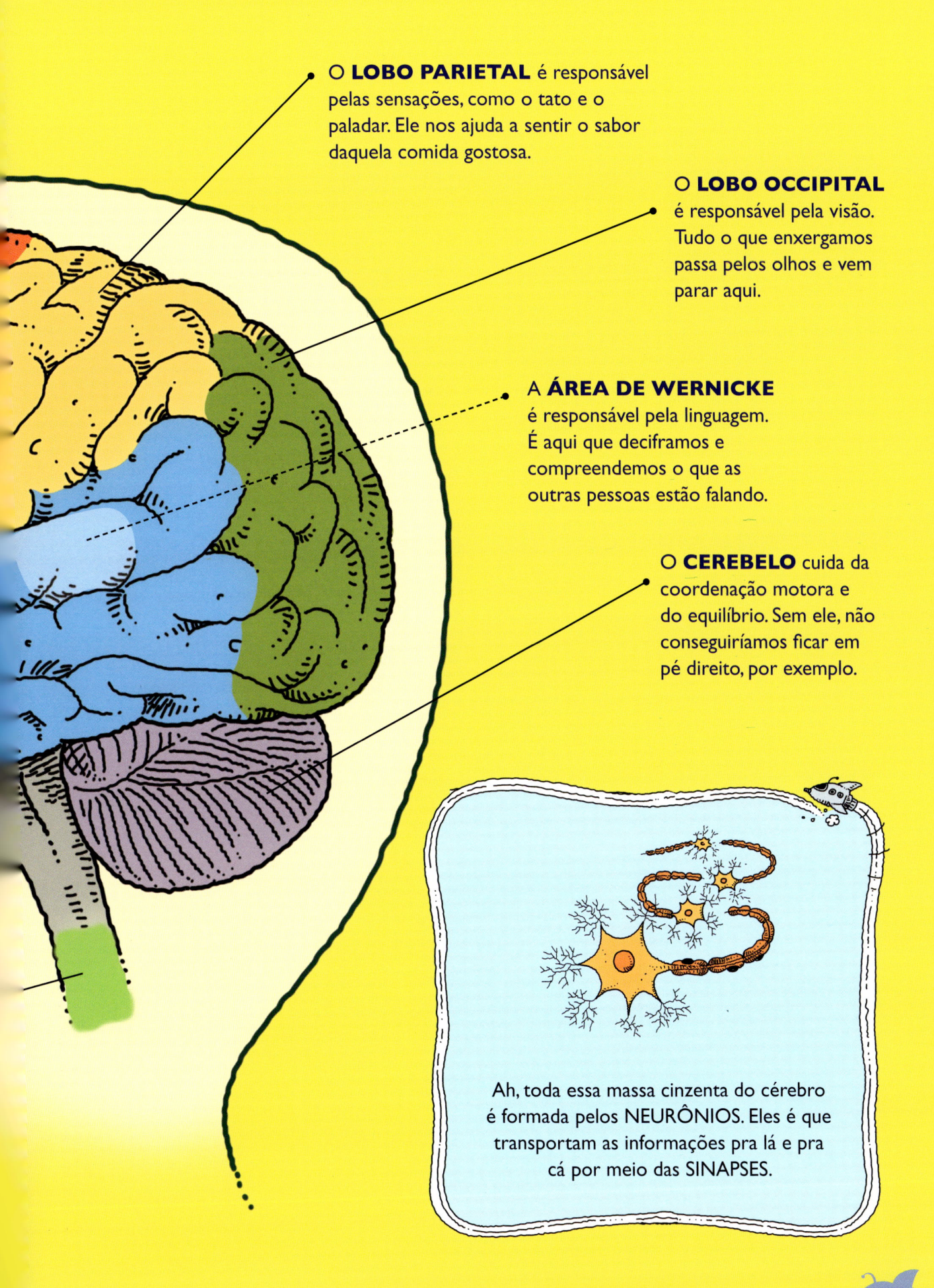

O **LOBO PARIETAL** é responsável pelas sensações, como o tato e o paladar. Ele nos ajuda a sentir o sabor daquela comida gostosa.

O **LOBO OCCIPITAL** é responsável pela visão. Tudo o que enxergamos passa pelos olhos e vem parar aqui.

A **ÁREA DE WERNICKE** é responsável pela linguagem. É aqui que deciframos e compreendemos o que as outras pessoas estão falando.

O **CEREBELO** cuida da coordenação motora e do equilíbrio. Sem ele, não conseguiríamos ficar em pé direito, por exemplo.

Ah, toda essa massa cinzenta do cérebro é formada pelos NEURÔNIOS. Eles é que transportam as informações pra lá e pra cá por meio das SINAPSES.

43

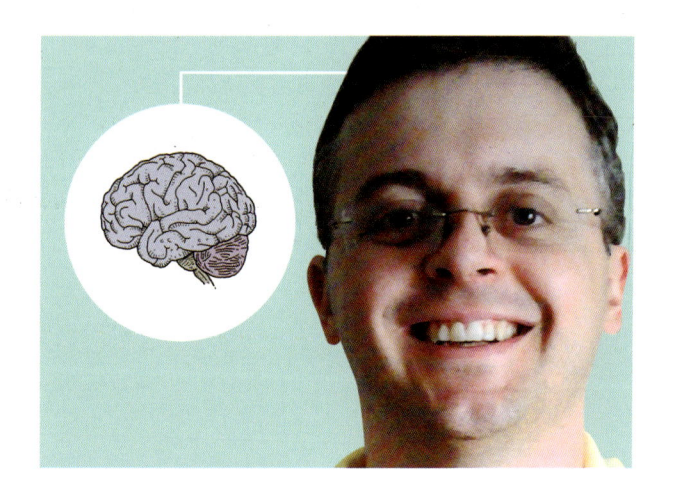

Daniel Martins de Barros sempre foi muito curioso. Desde pequeno falava que seria cientista porque queria saber tudo sobre um monte de coisas, e também um monte de coisas sobre tudo.

Por causa disso, quando chegou a hora de escolher uma profissão ficou indeciso, mas acabou sendo médico, por causa da sua irmã Tatiane. É! A tia Tati que aparece na história é uma neurologista de verdade. Ela é irmã do Daniel, e foi por influência dela que ele pegou gosto por livros desde criança e por cérebros depois de grande. Como ainda tinha dúvidas se era uma boa carreira, resolveu seguir o conselho do seu pai: "Você pode ser médico e escrever livros depois, se quiser". Dito e feito.

O gosto por cérebros e livros levou-o a se especializar em psiquiatria, uma área da medicina que estuda tanto o cérebro como a mente – o psiquiatra é o médico para medos ou tristezas exagerados, por exemplo. (Antigamente as pessoas achavam que era só para "loucos", mas hoje esse preconceito felizmente está diminuindo cada vez mais.) Mesmo assim, não sossegou e continua lendo sobre os mais variados temas. De tanto ler, resolveu escrever, e escreve para qualquer um que queira ler: adultos ou crianças, médicos ou bailarinas, alunos ou professores.

Ah, o Arthur também existe, é o primeiro filho do Daniel com sua esposa Danielle (que ele brinca dizendo que conheceu na hora da chamada).

Fábio Sgroi tem um cérebro que não funciona muito bem. Dizem que isso se deve ao fato de ele ter passado a infância fritando os miolos em frente à TV.

Por sorte, suas irmãs, Márcia e Marisa, numa atitude totalmente ousada e perigosa, explodiram a TV com dinamite, abarrotaram o quarto dele com livros e o trancaram lá dentro, dizendo que só sairia dali quando fosse capaz de ler pelo menos uma página de qualquer um deles.

Aparentemente o plano delas funcionou, pois ele se tornou um rapaz inteligente. Mesmo assim, reprovou em centenas de vestibulares por ter redigido em todas as provas a palavra "inteligência", assim mesmo, com "j". (Ok, ele não se tornou tão inteligente assim.)

Percebendo que escrever não estava dando muito certo nas provas, Fábio decidiu desenhar nelas. Infelizmente, as reprovações continuaram.

Porém, alguém viu aqueles desenhos e o aconselhou a tentar ser ilustrador, já que não levava jeito para nenhuma outra profissão. O resto é história.

Bem, na verdade, não se sabe se as coisas aconteceram exatamente desse jeito (como dissemos, o cérebro dele não funciona muito bem), mas o fato é que, até hoje, ele já ilustrou mais de cem livros e, vejam só, escreveu outros cinco (com o auxílio de uma ótima revisora de textos)! Para conhecer outros trabalhos dele, acesse: www.fabiosgroi.blogspot.com.br.